AF440375

ORAISON FUNÈBRE

DE

M. LE MARQUIS DE LA BOËSSIÈRE

PRONONCÉE

DANS L'ÉGLISE DE PLOERMEL LE 23 MAI 1870

PAR

M. L'ABBÉ HILLION

Supérieur de Sainte-Anne d'Auray, Vicaire général et Chanoine de Vannes

NANTES

IMPRIMERIE VINCENT FOREST ET ÉMILE GRIMAUD

Place du Commerce, 4

—

1870

ORAISON FUNÈBRE

DE

M. LE MARQUIS DE LA BOËSSIÈRE

In memoriâ æternâ erit justus (Ps. 111).
La mémoire du juste sera éternelle.

Le silence, Messieurs, est éloquent en présence de la mort; mais il est des vies qui sont à la fois un exemple et un enseignement; il est des hommes dont les vertus, vraiment grandes, parce qu'elles étaient modestes, excitent l'admiration et s'imposent au souvenir. Le simple récit de leurs actions est déjà tout un éloge. Voilà pourquoi, Messieurs, je viens interrompre un instant cette pieuse cérémonie, pour vous parler d'un homme de bien que vous avez connu, que vous avez aimé. J'en suis certain, je ne ferai que traduire vos sentiments, en vous rappelant ce que fut, dans sa vie et dans sa mort, messire Marc-Antoine-Marie-Jacques marquis de la Boëssière.

Le marquis de la Boëssière naquit à Nantes en 1804. Il appartenait à une ancienne famille bretonne dans laquelle la noblesse des sentiments est héréditaire comme la noblesse du nom.

Son enfance s'écoula au bruit des guerres de l'empire. A peine sortie de la tourmente révolutionnaire, la France suivait les destinées d'un homme dont le nom remplissait le monde. Mais, pour le général de la Boëssière, père de notre défunt, les gloires du présent ne faisaient point oublier le passé avec ses impérissables grandeurs. Courtisan du malheur plutôt que de la fortune, il se tenait à l'écart, mais toujours prêt à marcher à la défense de la cause qu'il avait embrassée. Sous la Restauration, la circonscription de Ploërmel lui offrit le mandat de député. Si grande était la considération dont jouissait le général parmi ses compatriotes, que trois voix seulement manquèrent à l'unanimité de son élection. Un ministre de Charles X, frappé de sa noblesse d'âme et de la générosité de ses sentiments, disait en parlant de lui : « *C'est l'homme de la France pour lequel j'ai le plus de vénération.* » Il s'efforça d'inculquer à son fils les sentiments d'honneur et de loyauté qui avaient été constamment la règle de sa conduite ; et, s'il est vrai de dire que, pour former une âme, la meilleure école est celle du foyer paternel, comment s'étonner de la noble fermeté qui distingua celui que nous regrettons?

Tout jeune encore, il comprit la grandeur des croyances catholiques. Nourri de cette forte séve qui fait les hommes de cœur et les solides chrétiens, il se montra dès lors digne de son vertueux père, digne de sa pieuse mère, Mme Cillart de Villeneuve, que l'on était sûr de rencontrer partout où il y avait du bien à faire, un bon exemple à donner, et qui mourut victime de son dévouement, en multipliant ses secours et ses consolations à de malheureux prisonniers atteints d'une maladie contagieuse.

Arrivé à l'âge où les regards du jeune homme se tournent vers le monde et l'avenir, il se trouva prêt à accomplir la mission qu'il plairait à Dieu de lui confier. La carrière des armes s'ouvrait devant lui avec ses vicissitudes, mais aussi avec ses gloires. Il n'hésita pas à l'embrasser.

Élève distingué à l'école de Saint-Cyr, il en sortit pour servir d'abord pendant huit ans dans l'armée, puis dans la garde de Charles X.

Parmi ses anciens frères d'armes, dont plusieurs sont illustres aujourd'hui, deux surtout se sont plu à rendre hommage à son mérite : Lamoricière, ce vrai type du héros chrétien, et le général Bedeau, demeurés ses amis fidèles, se plaisaient à dire que s'il avait continué sa carrière, il eût pu marquer dignement sa place parmi les illustrations militaires de notre époque. Dieu en avait décidé autrement. Un jour, le trône de Charles X fut emporté par la révolution ; et, ce jour là, Marc-Antoine de la Boëssière brisant son épée, donna à son souverain une dernière preuve de sa fidélité.

Je n'ignore pas, Messieurs, que la politique, qui souvent divise les hommes, ne doit point trouver d'écho dans la chaire de vérité. Mais, n'est-il pas juste, abstraction faite des questions de parti, de louer dans un homme l'énergie des convictions poussée jusqu'à l'héroïsme du sacrifice ?

Cette noble retraite lui donna des loisirs. Retiré près de son vieux père, dont il était la consolation et l'orgueil, une vie nouvelle commença pour lui. Devenu, par son mariage, membre des familles de Thiennes et de Mérode, si connues en Belgique par leurs traditions de foi et d'honneur, à l'exemple de saint Gaëtan, qu'il put dès lors compter parmi ses ancêtres, il consacra sa vie au bien des pauvres et à la gloire de Dieu.

Vivant à l'écart, isolé autant que possible des événements qui se succédaient sur la scène politique, il n'enviait d'autre bonheur que celui de posséder l'affection de ceux qui l'entouraient.

Simple sans vulgarité, digne sans rudesse, il savait se concilier le cœur des nombreux ouvriers qu'il employait. Vous l'avez vu, Messieurs, diriger leurs travaux et se mêler à eux pour les encourager. Il ne dédaignait pas de prendre souvent lui-même l'outil du travailleur. Il comprenait, sans doute, que les utopistes, en dépit de leurs systèmes, ne donneront jamais cette égalité chimérique que poursuivent leurs rêves ; mais il voulait prouver que la religion, sans confondre les rangs, les rapproche par la charité.

La bienveillance envers tout le monde était la disposition habituelle de son âme; et ce n'était point cette bienveillance qui n'existe qu'à la surface, que l'on affecte trop souvent par calcul, que l'on pratique avec banalité : elle puisait sa source dans l'amour de Dieu, dont elle est comme l'épanouissement extérieur et sensible.

Une âme si indulgente ne pouvait manquer de compatir aux souffrances du pauvre. Comme toutes les âmes vraiment généreuses, il aimait à donner secrètement et sans bruit de larges aumônes destinées à soulager l'indigence et la misère. S'il nous était donné tout à coup de connaître toutes les vies et de voir au grand jour les actions des hommes, nous aurions bien souvent à baisser les yeux, ou à les

détourner de spectacles qui n'engendreraient que le
dégoût; mais bien souvent aussi nous aurions à les
ouvrir avec joie, pour contempler une multitude de
bonnes œuvres, accomplies loin de tout regard, sans
autre ambition que d'avoir Dieu pour témoin.

Si la pratique de la charité était pour M. le marquis
de la Boëssière la grande jouissance de son cœur,
l'étude était le plaisir de son intelligence. D'autres
travaillent pour arriver; lui, il travaillait pour accroî-
tre encore les forces vives de son esprit. Son intelligence droite et ferme avait toujours eu de l'attrait
pour les sciences exactes. La mécanique, qui facilite
les travaux de l'ouvrier, les mathématiques et l'archi-
tecture étaient surtout l'objet de ses études. Mais au-
dessus de la jouissance intellectuelle que procurent
des connaissances sérieuses, il plaçait l'intérêt des
autres. C'est pour cela qu'il partageait ses pensées,
sa vie et sa fortune entre son pays natal et son pays
d'adoption. Tandis qu'il continuait à son château de
Malleville des travaux considérables, pour donner à
l'ouvrier une occupation lucrative, il contribuait puis-
samment à élever, dans la paroisse de Lombize, une
église élégante dont il dirigeait les travaux avec une
sollicitude aussi active qu'elle était intelligente et
dévouée.

C'est dans cette féconde succession de travaux
utiles que s'écoula sa vie. Heureux du seul témoi-

gnage de sa conscience, il ne se doutait pas qu'il avait des droits à la reconnaissance des hommes. Il fuyait la louange ; il n'a pu l'éviter, car toutes les classes de la société représentées à ses funérailles ont voulu honorer sa mémoire, et témoigner en même temps des regrets qu'il laisse après lui.

Pourquoi, Messieurs, ce concert unanime de sympathies et d'hommages ? Laissez-moi vous le dire : la piété vraie, sincère, s'impose à l'admiration des hommes. Or, le marquis de la Boëssière fut un chrétien fervent dans toute la noble acception de ce mot.

Il est beau, Messieurs, de contempler une âme sincèrement éprise de la vérité, luttant contre le doute, et poursuivant, à travers les ombres qui l'obscurcissent, la lumière qu'elle entrevoit, et vers laquelle elle aspire. Mais n'est-il pas plus beau encore le spectacle d'une âme qui vit dans la tranquille possession de la vérité ? Maîtresse d'elle-même, elle s'élève avec une joie sereine au-dessus des mesquines considérations de la terre, pour s'attacher à la source de toute vérité, à Celui qui seul est digne de ses hommages et de son amour. M. le marquis était une de ces âmes privilégiées, devenues, hélas ! si rares de nos jours, dans certaines sphères surtout. On veut passer au crible de la science les dogmes, les mi-

racles, les institutions divines. On veut tout analyser,
tout voir, tout comprendre avant de croire, comme
si la foi, au lieu d'éteindre la raison, ne venait pas
lui prêter le secours de ses immortelles clartés ! Que
notre regretté défunt comprenait mieux les divines
grandeurs de la religion ! Il savait que les plus
hautes intelligences peuvent et doivent, sans rougir,
s'incliner devant Dieu et l'autorité de ses dogmes.
Aussi sa foi était simple comme celle d'un enfant.
Attentif, je le sais, à la voix d'un simple prêtre,
comme à la voix de Dieu lui-même, il ne voulait
point de raisonnements, mais des décisions ; et, s'il
demandait un conseil, c'était pour le suivre ponc-
tuellement. Chez lui, la religion était plus qu'une
simple théorie : elle était la base et la règle cons-
tante de sa conduite. Fier de porter sa foi comme un
glorieux drapeau, on ne le vit jamais sacrifier à
l'opinion et imiter ces hommes qui, pour éviter les
sarcasmes du monde, parlent et agissent comme les
impies qu'ils condamnent au fond de leur conscience.
La pratique journalière de tous les devoirs religieux,
accomplis sans ostentation, comme sans respect hu-
main, est un spectacle qui console de bien des tris-
tesses ; et si notre siècle conserve quelque reste de
sa grandeur morale, malgré ses défaillances, c'est
qu'au milieu de la foule indifférente et sceptique, il y

a encore des chrétiens qui marchent sans faiblesse sous l'étendard de la Croix.

Chaque semaine, le marquis s'approchait humblement du sacrement de pénitence, et venait plusieurs fois puiser à la table sainte cette énergie céleste qu'inspire le Dieu de l'Eucharistie. Tous les jours il assistait au saint sacrifice de la messe, et suivait avec une douloureuse émotion les stations du chemin de la Croix, pour mêler les larmes de son cœur à celles que Jésus répandit pour le salut du monde coupable.

Quand il parcourait avec le regard de son âme les plaies morales de notre époque, son cœur se remplissait d'une indicible tristesse. Il savait que, pour infuser à la société une vie nouvelle, il faudrait la pénétrer de la séve chrétienne qui fait les peuples forts : « L'éducation religieuse, disait-il, l'éducation religieuse ! de là dépend l'avenir d'un peuple. » Fidèle à ce principe, il mit tous ses soins à faire partager à son fils la vivacité de sa foi, l'énergie de ses convictions. Ses efforts ont été couronnés de succès, et les traditions qu'il a mises en honneur continueront à fleurir dans une famille chrétienne, où restera comme une force le souvenir de ses vertus.

Vous parlerai-je maintenant de son amour pour l'Église et son auguste chef ? Le pape, c'était pour lui ce qu'il y a de plus auguste, de plus vénérable sur la terre. L'Église, c'était à ses yeux la grandeur du passé, la sauvegarde du présent, l'espérance de l'avenir : aussi suivait-il avec une sollicitude attentive et toute filiale, la lutte terrible engagée contre l'Épouse de Jésus-Christ, et qui finira, n'en doutons pas, par un éclatant triomphe.

Un jour, un père de famille de Ploërmel lui communiquait la résolution que son fils, jeune et plein d'espérance, avait prise d'aller défendre la cause de l'Église. Pour toute réponse, le marquis de la Boëssière ne dit que ces paroles : « Je n'ai qu'un fils, s'il voulait partir pour Rome, je le bénirais, et je m'estimerais heureux qu'il se sacrifiât pour la plus noble des causes. » Cette parole, Messieurs, n'a pas besoin de commentaire.

Tels sont les sentiments qui animèrent constamment celui que nous pleurons. Après une vie consacrée à la pratique de toutes les vertus, Dieu ne pouvait lui accorder une plus grande grâce que celle d'une sainte mort.

Il l'a obtenue.

Une longue et cruelle maladie a fait briller davantage les trésors de sa foi vive, de son ardente piété. Au milieu de ses souffrances, il ne cessait de rendre grâces à Dieu.

« Dieu est trop bon pour moi, répétait-il fréquem-
ment; Dieu est trop bon pour moi. Il m'a comblé de
bienfaits. Il m'a fait entrer dans une famille chrétienne qui me témoigne la plus vive affection. —
En Bretagne, comme en Belgique, un grand nombre
de personnes prient pour moi. Je ne méritais pas
cela. C'est trop de bonté de la part de mon Dieu ! »

Plein de confiance en la miséricorde divine, il at-
tendait la mort sans la craindre. « Dieu fera ce qu'il
voudra, répétait-il aux personnes qui lui parlaient
de guérison. A ses yeux, la mort c'était le ciel.
« Je n'oublierai personne devant Dieu, » disait-il
encore pour donner une suprême consolation aux
membres de sa famille, et aux personnes qui l'as-
sistaient pendant sa maladie.

C'est dans cette douce confiance qu'il rendit sa
belle âme à Celui qu'il avait tant aimé sur la terre.
Il était dans la soixante-cinquième année de son
âge.

Je m'arrête, Messieurs. Puissé-je, en retraçant
devant vous cette vie si simple et si grande à la fois,
avoir contribué à la gloire de Dieu et au bien de vos
âmes. La vertu a le privilége de se survivre et de pro-
duire pour le ciel de nouvelles moissons : aussi, j'aime
à me dire que l'exemple de cette vie chrétienne pro-
duira ses fruits. J'en ai la douce confiance, notre

cher défunt prie pour nous, en ce moment, du haut du ciel. Mais, Messieurs, la justice divine est impénétrable. Unissons-nous donc dans une même pensée de charité fraternelle : prions pour lui, et demandons à Dieu la grâce d'être réunis tous ensemble dans cette demeure céleste qu'il réserve, de toute éternité, à ses fidèles serviteurs. Ainsi soit-il.

Nantes, imp. Vincent Forest et Émile Grimaud, place du Commerce, 4.

63